KTSR-004a

ずっとあった店

スナック屋台おふくろ編

スズキナオ

目次

ことさら出版

まえがき

ずっとあった店が好きだ。私はお酒が好きでよく飲みに行くのだが、年季の入った大衆酒場とか食堂とか、中華料理店とか、そういった店を選びがちである。もちろん、新しいお店も素晴らしくて、たまに行ってみると、新しいお店だからこそだろうか、メニューに創意工夫があるし、お店の方にも「これから頑張っていくぞ」という前向きな雰囲気に溢れていて、いいなと思う。思うのだが、珍しいメニューがなくても、なんなら特別に美味しいというわけでもなくても、私は古い店を選んでしまう。

それは、その店がずっとその場で続いてきたということに、何よりも圧倒的なものを感じてしまうからだと思う。

生きていると色々なことがある。体力が低下したり病気をしたり怪我をしたり、ひょんなことから心のバランスが崩れたりする。親しい人となんらかの理由で会えなくなったり、面倒な揉め事に巻き込まれたりする。まったく思いのままにならない毎日の中で、それでもずっと続いてきた店がある。

誰しもそうであるように、長く続いてきたお店の方の人生にも、色々なことがあったはずだ。それでも何年、何十年と、なんらかの商売を続けてこられたわけである。生活していくためにそれが必要だったから、という理由はもちろん何よりも大きいだろう。実際、老舗を取材させてもらった時に、お店の方に「歴史のあるお店ですごいですね」というようなことを私が言うと「いや、何も考えずただ毎日やってきただけですよ」と、不思議な顔をされることもあった。私が物事を勝手にドラマチックに見ようとし過ぎて「さぞかし大変なご苦労があったのでは!?」と、そんなことを興味本位に聞きたがり、お店の方を白けさせたこともきっとあっただろうと思う。

しかし、移り気で、やっていることがいつも長く続かず、すぐに何かを辞めたくなったりしてしまう私にとって、長い継続の日々は自分の想像を超えたものなのである。

自分には到底できないことだと思うからこそ、私はずっとあった店に惹かれるのだと思う。そしてそういうお店は、街の中のあちこちにある。メディアに取り上げられるような有名店でなくても、当たり前の顔をして、何十年、何百年という歴史を持つ店がある。ふと立ち止まって考えてみれば、やはりそれは驚くべきことではないか。

本書は、長い歴史を持つ個人店を訪れ、お店を続けてこられた方のお話を伺い、その内容を記録させていただこうという企画『ずっとあった店』のシリーズの一部である。日本各地のお店を取材させていただいた上で最終的には一冊の書籍としてまとめる予定だが、その〝プレ版〟として、一店ごとの内容を切り出し、フルカラーの写真を多めに掲載し、制作したものだ。

前述した通り、お店を続けてこられた当のご本人にとって、それはあくまで当たり前の日々の積み重ねでしかなかったのかもしれない。

でも、じっくりとお話を聞くと、どのお店もちょっとした偶然の先にふと始まり、様々な不確定要素を乗り越えつつ続いてきたのだと改めてわかる。奇跡のような時間の連なりが、当たり前の顔をしてそこにある。それを知ることで、まちのあちこちにあるお店や会社が、それぞれ固有の歴史を持って存在しているということが、改めて強く実感されるのだ。

高知の街のはずれに明かりを灯して50年「スナック屋台おふくろ」

高知が好きでよく行くという飲み仲間がいる。その友人が高知旅行中SNSに投稿していた画像に目を奪われた。赤いシートで覆われた屋台が写っていて、「ラーメン」の提灯が赤々とまぶしい。「スナック屋台おふくろ」というらしいその店名も魅力的だ。スナックで、屋台で、おふくろか……いつか行ってみたいと思いつつ、あっという間に月日が流れた。

ある日、この本の版元・ことさら出版を運営する別の友人から、「スナック屋台おふくろ」に行ってきたこと、雰囲気が素晴らしく、ラーメンがとにかく美味しかったこと、そして、お店の方が、２０２４年11月をもってお店をやめてしまう予定だと語っていたことなどを聞いた。ぜひ早いうちに行くべきだと思う、と、ことさら出版氏は言う。また、長く続いてきたらしい屋台のことについて、お店の方に話を聞かせてもらえるかもしれないと、会話していてそんな感触も得たらしかった。そうとなれば、もう行かないではいられない。

私が高知を訪れたのは24年7月初旬のことだった。無事、「スナック屋台おふくろ」に行くこともでき、店主の横山シヅ子さん（以下、「シヅ子さん」と呼ばせていただく）にお会いすることができた。ここ1年ほどのある時期、シヅ子さんが腰を悪くされ、屋台が休みがちになっていたこともあったそうだが、幸いなことに、

高知の中心地から少し離れた場所に「スナック屋台おふくろ」はある

私は2日間に渡ってお店で楽しく食事をさせていただいた。曜日や時間帯によっては満席になることもある人気の屋台なのだが、これも幸いなことに、私がお邪魔した2日間はシヅ子さんの手が空くタイミングもあり、お仕事の邪魔にならない範囲でお話を聞くことができた。

「スナック屋台おふくろ」は夕方17時から18時頃に開店し、深夜まで営業を続けるスタイルだ。私は初日に2時間半ほど、翌日に3時間ほど隅の席に座らせていただき、同行のことさら出版氏と、2日目は私の旧友で高知在住のMさんも交えて3人で、たらふく飲んで食べて、その合間にシヅ子さんの語りを聞いた。

ちなみに「スナック屋台おふくろ」

冷蔵庫も生ビールサーバーもあり、棚の奥にはテレビまで備え付けてある

は、開店から50年になるという屋台スタイルのお店である。〝屋台〟と言っても、駐車場の一角を借りて（来店するお客さん用の駐車スペースも含めて車数台分の敷地を借りているそう）、移動はせずに定位置で営業している。高知市の南東部・高見町の車道沿いがその定位置で、はりまや橋などがある高知の中心地からは徒歩で30分以上かかる距離にある。

駐車場の壁際に位置する屋台の造りは立派で、冷蔵庫もテレビもある。生ビールサーバーも設置されており、見かけ上は屋台だが、ほとんど居酒屋と呼べそうだ。席数はたしか10席ほどだった。冬場など、寒い時期は赤いシートで屋台の周囲を覆って防寒するようだが、私が訪れたのは夏だったので、シートはその中

「スナック屋台おふくろ」の店主・横山シヅ子さん

ほどで絞るように畳まれ、外気をそのまま感じながら食事をした。足元には蚊取り線香が焚かれていた。

基本的には店主のシヅ子さんがお一人で営業されている（夕方、早い時間は弟さんがお店に立ち、後からやってくるシヅ子さんと交代していた）。そのため、お客さんから料理の注文が入るとしばらくの間は調理タイムとなる。お話を聞くことができるのは手が空いた時に限られるが、暇ができるとシヅ子さんは、私たちの問いかけに気さくに答えてくださった。

そんな状況だったため、時には話題が途切れ、また、別の話題に移った後に思いがけず元に戻ったりといった形でシヅ子さんは喋ってくれたのだが、そうして伺った話を、私の

木材を組み合わせて造られた屋台は素人目にも頑丈そうだ

方である程度読みやすいと思われる流れにまとめてあることをお断りしておきたい。また、必要と思われる箇所には補足を加えた。

＊　＊　＊

――この屋台はいつからやっていらっしゃるんですか？

今年で50年。10月3日で50年。

――それは、ずっとここで？

そうです。（開店から）半年だけ、ちょっと100メートル向こうの道路でやってたんやけど、そこが取り締まりでだめになって。

――その後はずっとここなんですね。屋台といっても、大きいですよね。

大き過ぎますけど、屋台なんです。で、この駐車場を借りて、（お客さんが）車で来てもいいように6台分、借りてる。

――50年の間、ずっとお一人で？

ほぼ一人でね。ここもね、借りた時は砂利でしたよ。畑を埋めてね、空き地だったんです。

――冬場でも営業しているんですよね。

やってます。けどもここは山からの風が降りてくるき、とんでもない、外では食べられない。だからこれ（シート）を下ろして、冬はストーブをたいて。

――なんでこの場所を選んだんですか？

最初はね、街も考えたんですけどね。ここ、田舎やき、一人もお客さんが来ない時もあるやろかと思いながらしたがですけど、まあよかったかなと思って。こっちの方が家も近いし。この辺り、最初の頃は、屋台も飲み屋も他になかったですからね。少し向こうに一軒だけあったらしいけど。

――飲んだり食べたりできるのがここだけだったわけですね。そうなるとこの辺りのお客さんはたくさん来そうですね。

一応ね。でも、私ね、商売というから〝倍〟もらったらええ思て。だいたいは（利益を）70%とって、原価が30%か35%でしょう。それを半分にしとったから、全然儲けにならん、残らんがです。おでん、その頃、30円でした。街じゃ50円のところ、30円で。忙しゅうても全然、生活費が出んという。大変（笑）。商売やか

冬場には大活躍する立派なおでん鍋

ら〝倍〟もろたらええのか思たらね。だから奥さんが、晩のおかずに鍋持って買いに来てた。

――ここが一番安いからというので買いに来るわけですね。それは、おでんとか?

そうそう、おでんね。

――昔からおでん以外のメニューも色々あったんですか?

やってました。料理はまあ、自己流です。母が全部料理してくれてたんで、私はずっと箸持つだけやったんですけど(笑)。

――寸胴とか、すごく綺麗ですね。

おでんには出汁がしっかり染みている

うーん。洗うから綺麗なんやと思うけど（笑）。それでもね、昔みたいによう磨かん。屋台もね、暇な時はね、この柱を一本ずつ外して洗ってたんよ。

――そもそも屋台が綺麗ですね。これはずっと使っているものですか？

これ二代目なんやけど、最初のはね、焼けた。私の不注意で焼いてしもて。今の二代目になって10何年になる。

（お客さんが来る）

お客さん「ベンツ、停めさしてー」

いいけど、取られても知らんで。

のちにシヅ子さんにご提供いただいた、火事で燃えてしまった初代屋台のお写真。
大工さんやご常連方のご助力もあり、１週間ほどで営業再開できたそう

シヅ子さんの手入れが行き届いているからだろう、調理器具や器がみな綺麗だった

お客さん「おばあ、一番うまいやつ出して」

何や、それ。

お客さん「やっこよ。一番早うてうまいやつ」

やっこな。

――ここは取材を受けたりしたことはあるんですか?

去年(2023年)の12月にテレビ東京の「望郷グルメ」。ここに来よった男の子がつかまって。

※2023年12月30日に、テレビ東京系列で放送された『ただいま!望郷グルメ「ふるさと思い出す(秘)絶品グルメ…食

べに帰りませんか?」』という番組のこと。東京で暮らす、東京以外の地方出身の方々が、故郷を思い出す料理を〝望郷グルメ〟として紹介するという主旨のもの。父親に連れられてよく「スナック屋台おふくろ」に来ていた高知出身の方が取材クルーにインタビューを受け、久々に再訪する様子が「高知亡き父と通った屋台(秘)トロける肉料理」として放映。翌年には高知県でも放映された。

その番組の中で思い出の一品として紹介されていた「焼き豚」

――へー! そうなんですね。

その人が一緒に来たんよ。私は自分が撮られてるゆうこと知らんかったけどね。映っとった。

――その人は常連さんだったんですか?

昔のね。お父さんと一緒に来てた人で。今は東京で働いてて、東京でその番組につかまって。12月の30日にテレビ東京で放送されて、それが今年の4月に高知で放送されたけど、お客さんが「行ってもいっぱいやろ」って、来なくなった（笑）。いっぱいどころか、3時間4時間も誰も来んかった。

――ははは。そんなことがあったんですね。

こんな取材して仕事になるんかね。本、書くの？

――色々書いていて……それが本になることもたまにあります。

最近、目も悪うなってね。本も読めん。私が勉強してるのは仏教の本。うちは真言宗。お大師様は他の宗教も勉強しなさいっていうので、本を読んだりしてたんやけど。ここを辞めたらそんな本を読もうと思っていたけど、そしたらもう目が見えなくなって。まあ、ね。

――お生まれも高知なんですか？

いや、違う。宮崎。生まれたのは鹿児島だけど、ほとんど宮崎。母が高知で、幡多《はた》（高知県の西南端の地域）のね。

本が読みにくくなった今も、シヅ子さんは屋台の中に仏教本を常に置いている

――宮崎にご実家があって、おいくつぐらいの時に高知に？

兄と二人で、中学の時に来て。また二人で九州に帰って。そんな感じでね。

――でも、今はもう高知の方が長いんですもんね。ここを50年もやっていて。

そうそう。もう人生の半分。

――高知に来たのにはきっかけがあったんですか？

高知はね。自分で来たのかな。なんかもう、86になるから、わからん（笑）。

――86歳ですか！　お元気ですね。36歳の時にここを始められたわけですね。

そう。ここはね。36か37かね。でもね。こうして、どっちかの手で支えんと立っておれんからね。無理や。

――誰か人を雇おうと思ったことはないんですか？

給料が出ない！　この商売は。忙しいのに生活ができきん。屋台作るのに借金したから、それを返すのに精一杯。徐々に値段は上げたけどね。高松にいる孫が、飲みに行くと6千いくら払うと言う。6千円ゆうたら、どんな飲み方しゆうかって（笑）。うちでも6千円飲む人もいるけど、時間がね。5時間も6時間もおっての6千円でね。

――ここにはラーメンだけ食べにくる人も多いんですか。

多いですよ。この前なんか、7人来てみんなラーメン。

――ここの味が好きっていう人がそれだけいるんですね。

あちこちから来る注文を機敏にさばいていくシヅ子さん

まあ、ラーメン屋やからしょうがない。

――どこか中華料理屋さんで働いた経験があったりしたんですか？

全然ない。

――なんで美味しいラーメンが作れるんですか？

ラーメンはね。弟が最初に。弟が人に雇われるのが嫌やから、屋台でもしたいゆうのが始まり。弟がね、仕事が落ち着かんのよ。3か月したら辞め。真面目に働くから、気に入ってもらえるわけ。だんだん、自分が社長になってしまう。社長がなんかゆうたら、はい、ゆうて聞き入れずに放って出てしまう。それで、屋台でもしたいっていう。それで私が工面して、借金もして。

――姉からしたら弟のためにっていうか。

ためもあるしね。真面目にして欲しいき。（弟は）博打も好きやからね。でも、それもね、因果応報っていう言葉、ご存知でしょう？　それです。最初は、なんで私だけが苦労せないかんゆうてすごく嘆いたこともありましたけど、だんだん

自慢のラーメンスープは鶏ガラと豚骨を５時間以上煮込んで作るそう

と色んなことがわかって、ああ、因果応報とは、まっことそうやなと思って、納得してますよ。

――なるほど。

さっきちょっと言いましたけど、信心してるじゃないですか。うちとこは真言宗で、お仏壇でお経上げるぐらいのことやけど。結局、私が過去世で博打してたがですよ。博打して、ここを手伝ってる弟は私の女房やった。私もその時の名残ゆうか、競輪も競馬も、やったら取るんやけど。麻雀とパチンコもやったけど、お金がある時だけで、借金までしてはやらなかったけどね。だから（前世の私は）仕事せずに博打ばっかりしとったんですね。で、（弟を）困らせてた。だから因果応報ゆうて、だから私が博打で困らせた人間と、（今世では）みんな兄弟。切るに切れないわけ。弟が二人おるがですけど、兄は23で、船で、海で死んだし、一人はね、私に「兄貴、兄貴」ってついて一緒に博打してた。お金がなくなったら金作ってこいゆうてやってたみたい。

――えーと、それは、前世でっていうことですか。

そうそう。前世でね。で、私が弟を連れまわして博打して、「金がなくなったら金作ってこい！」ゆうて、ある時ね、「兄貴、もう借金するところがありません！」ゆうて（笑）。そんな風に連れまわしたら、親兄弟っていうのは恨みに思うじゃないですか。親のところにも無心に来たかもしれんしね。

――なるほど、今世ではギャンブルはあまりせずに？

若い時はしましたよ。やめたのが40の中ぐらい。一切やめた。

――そのお姉さんの態度を見て、弟さんは変わったりしたんですか？

全然やってます。でも昔みたいに借金してまでではなくて、今日は調子が悪いゆうたら帰ってきて、千円でも勝ったら帰ってくる。

――ここを一緒にやって、弟さんとの付き合いも長いわけですよね。私が最初にここに来た時、弟さんが屋台の準備をしていました。

そう。弟が16時頃から構えてて、仕込みがあると、私がどうしても20時頃になるけど、用事がなかったら19時頃に来て交代。

もやし炒め（卵入り）はラーメン用のタレで味付ける

――弟さんはおいくつなんですか？

私と三つしか違わん。みんな「旦那か？」って聞いてくる（笑）。だからね、人間って今世のことしか考えないじゃないですか。私の体験で、やっぱりね、親子兄弟、夫婦は、無縁の者が一緒にはなってない。前世とか前々世とか、どこかで繋がってる。憎み合う者が親兄弟になったら悲惨やね。だからそれを知ったら、自分が償っていく。そして人のために少しでも働くってことが大事やなって。

――なるほど。

よく、死んだら閻魔様に裁判を受けるって言うじゃないですか。あれ、言い逃れができませんねん。私の体験でね。信じていただけないかもしれないけど、氏神様とお大師様を祀ってるところに毎朝ちゃんとお塩とお米とお水とあげて、「天照大神様、あめつちの神々様」ゆうて声かけする。そしたら、（今年の）3月頃やったかな。「もう声かけはいらん、柏手だけでよい」って言われた。

――へー！　もう、直接、言われたんですか。

うん。けど、「今までずっと声かけしてたのに」と思って、あくる日は、心の中で、声かけした。口に出さんと。したらそのあくる日に「心の中でも言うには及ばん」って（笑）。だからその時に、神様にも仏様にも、人間の心の底まで見られてるんだなって。だから閻魔様に裁判を受けたら言い逃れができんっていうのはそれかと。

――ちらっと伺ったんですが、ここは11月で閉めてしまうんですか？

（土地借用の）許可が11月で終わりなの。で、10月3日で50年。許可は取ろうおもたら取れるがや。体がおっつかん。

――なるほど……。

貯金がないき、店閉めたら、どうやって食べていくか。ただ、納骨代と、二人の弟の葬式代と永大供養代は置いてあるんだけど、それ以外の貯金がないき、どうやって食べていこうか。

——これまではずっと休みなく働いてこられたんですか？

いやいや、割とね、旅行はしてませんけど、高野山には行ったし、室蘭のお坊さんを訪ねて行って、お話聞いたり。そしたら1日では帰ってこれんから、札幌に一泊して、札幌から真っすぐ高知に帰ってきた。どこも見物せず、美味しいものも食べず。ただ、蟹弁当、あれだけ駅で買って食べて。

——高野山へもよく行かれてたんですね。

今はよう行きませんけど、去年は娘たちに連れていってもらったかな。でも、毎年行ってました。毎年最低1回。多い時は4回。

（翌日の夕方に再びお店に行くと、ちょっとしたことをきっかけに弟さんとお話しすることができた）

年齢のこともあり、2024年11月をもって閉店してしまうという

弟さん「うちらももう、ここを始めて50年ちょっとになるけど、今年いっぱいでやめにゃいけん。年齢的にようせんがよ」

――年齢的なことが一番大きいですか？

弟さん「そうそう。一番。子どもらもおるけど、跡も継ぎゃあせんろう」

――でも昨日の夜遅くもお客さんが結構来ていました。

弟さん「うん。でもね、コロナから客は減ったで。もう夏の今頃、円卓も満員になりよったもん」

※屋台の脇に大きな丸いテーブルが置かれているが、最近は使用されていない様

店舗の少ない住宅街の駐車場の片隅に屋台がある

子だった。

――あ、ここの席も使っていたんですね。

弟さん「うん。ここ（屋台周りの席）に座れんだったら10人はそっちに座れるきよ。そういう面影ももうない。コロナから、うんと変わったね。今は、とてもやないけどね、昔と違う。昔はバタバタ、バタバタしよった」

――いつぐらいが一番賑わっていましたか？

弟さん「あれやね、それこそ、30年は前。30年前からこの道路があれするゆうてな。それこそ50年か、60年になるかよ、東京おったけど、変わったもん」

——東京にいらしたんですか。私も東京に住んでいたんです。

弟さん「（東京駅）八重洲口に大丸があったろう。今でもあるか。建物は変わっとるか？」

——はい。あります。でも新しくなりました！

弟さん「あそこにおったき、俺は。食べる商売やな。なつかしい」

——東京にはどれぐらいいらっしゃったんですか？

弟さん「そんなに長くはおらなんだ。4年か」

——そうだったんですね。

（シヅ子さんが来て、弟さんと交代する）

――連日すみません。ちなみに昨日は何時まで営業していたんですか？

昨日？　1時半に電気消して、結局帰ったのが4時……。

――え！　片付けをして帰ったらもう4時なんですね。そこからはゆっくり眠れるんですか？

ゆっくりって、だいたい2時間か3時間したらトイレ行きとうなる（笑）。で、だいたい8時頃には起きてる。氏神様とお大師様を祀ってあるんで、ちゃんとね。

――その後は眠くないですか？

昼から寝とる。12時から夕方の18時までは、電話はダメって言うてる。切ってはないけど、みんなにかけてきてはいかんって（笑）。

――それから仕込みの作業なんかもあるわけですもんね。

仕込むよ。唐揚げはせんといかん。おでんもせんといかん。おでんも弟がやってたけど、私がやるようになったから。

明け方までお仕事をしていたというシヅ子さん

――もっと早い時間に閉めようということはないんですか？

もっと早く閉めたら、全然、食べていけけん。前はね、(午前) 3時まで開けてた。3時ゆうても、よう飲むお客さんだったら下手したら4時、5時までになってた。夜が明けてしまう(笑)。それでも貯金するという観念がなかったから。うちのおばあちゃんも「自分とか娘が病気になった時はいいけど、あんたが病気になったら働く人がおらんから、貯金しとかんと」ってゆうてたけど、まあ、乞食してでも生きていきゆうき、なんとか生きていくわい、ゆうような、横着で、まったく。

――お体を壊されたことはないですか？

体が丈夫。まあね。移動盲腸ゆうて、「あー痛」ゆうたら盲腸で、痛みが止まったらケロッとしてね。けども「子宮と癒着したら子どもが生めんなるかもしれん」言われて、痛うもないのに盲腸切って、それだけやね。

（閉店の話を聞いて久々に来たというお客さんがシヅ子さんに言う）

お客さん「高知の屋台一斉撤去は大丈夫だったたん？」

※高知市中心部には〝おまちの屋台〟と呼ばれる飲食店の屋台が営業していたが、市道を無許可占用している状態だった。高知市は許可なしに長らく営業を続けてきた屋台との間で交渉を進め、その結果、市内にある複数の屋台が24年3月末をもって市道での営業をやめることに合意した。

うちはここを借りちゅうき。家賃も毎月払っとるから。ただ、契約が11月で切れる。新たに取ろうと思えば取れんこともないと思うけど、もう歳が。来年、米寿じゃ。こうして手で支えてないとよう立っておられん。

お客さん「けどよ、ここ閉めたらおばちゃん、生きがいどうするが？」

スパイスの香りが印象的だった餃子

生きがいって、それほど大きなものじゃない（笑）。やめたらどうしようかゆう気持ちはあるけどね。

お客さん「がんばってやらんと」

――この餃子、香ばしくて美味しいですね。

餃子はね、弟が作るの。ニンニク入れてるからね。

――弟さん、東京の大丸で働いていたんですね。

うんうん。東京のどこで働いてたかは知らんけど、高知では、今はパチンコ屋になっちゅうけど、はりまや橋のところに百貨店があって、そこのレストランで働いてた。

——改めてシヅ子さんの生い立ちについて伺ってもいいでしょうか。お生まれが鹿児島で……。

鹿児島。鹿児島で、2歳くらいで宮崎に行って、今、あのあそこ、巨人か知らんが、キャンプしとるやろ、日南か。あそこで……もう、遥か昔やもんね（笑）。

——日南にいて、それはいつまででしたか？

中学か。で、私が兄貴と一緒にこっち（高知）に来て。

——高知に来てからここをやるまで20年ぐらいあったわけですね。

ホステスしよった。キャバレーの。

——あ、高知で？

そうそう。で、弟が人に雇われて仕事するの嫌で、屋台でもしたいって言うき、私も辞めて始めたんよ。屋台って鉄じゃないですか？　鉄でこさえてる。あれが私は好きじゃない。で、大工さんに頼んで、私が全部設計して、こういう風に作ってってって。

――そうやってできた屋台だったんですね。この二代目の屋台も同じ大工さんなんですか？

違う違う。前の大工さんはこの棒（屋台の屋根部分を支えるための棒）でも、上に真っすぐ延びてたがです。今の大工さんのは違うところにこの棒が来るから、外す時に大変なの。雨がじゃーじゃか漏るし（笑）。だから大工さんによって、やっぱり違うの。

――そうなんですね。でも近くで見ると、この二代目の屋台もすごく凝った造りに見えます。

一番最初のはトタンやったからね。雨が降ると、トタンに雨が当たってね。夏は暑いからベニヤ板を貼ってもらったりして、それを毎日、下ろして、片付けてね。やってたけど、ここの場所を借りてからは、だんだんと横着になって（笑）。片付けるのをやめた。台風で閉める時は大変でね。

――ここ数年、大きな台風がありましたけど、そういう時は屋台を片付けるんですか？

そうそう。台風が来る時はね。

――大変ですね。50年前に屋台を始められた時は、最初からうまく行ったんでしょうか。

弟がおでんを作ったりとか、ラーメンのスープを作って、私は手伝い。ああ、本当に、もう、50年も昔のことやね。

――ラーメンのスープのお味も弟さんが決め手になっているんですね。麺はずっと同じ麺ですか？

そう。麺は持ってきてもらってる。……小説を書いてるの？

――あ、私ですか。小説は書いていないんですが、エッセイみたいなものを書いています。

私ね、勉強は嫌いやけど、本を読むのは好きやった。雑読。なんでも手当たり次第。大衆小説とか、そのあたりにある本、手当たり次第。歩きながら読んでた（笑）。自分で買うお金ないから、人が持ってるのを借りたりとか、そのあたりあるのを手当たり次第読んだ。

――どんな小説がお好きでした？

なんでもかんでも。大衆小説でもなんでも。

――そんなに本がお好きだったんですね。他のご趣味は、歌はお好きじゃないですか？

まあ、歌えました（笑）。

唐揚げやエビフライなど、揚げ物も美味しかった

――いい声ですもんね。最近は歌っていないですか？

ないですね。昔は歌手になれって持ち上げられた。コロンビアレコードがよくお店を回ってたから。したら誰かが知らん間に申し込んだ。そしたら楽譜がなかって、ちょうどよかった。恥かくところやった（笑）。民謡なんかも好き。

――子どもの頃のことで覚えていらっしゃることはありますか？

（記憶が）飛び飛びっていう感じやね。父の会社がね。鹿児島やった。鹿児島の会社の寮みたいなところのお風呂が五右衛門風呂で、五右衛門風呂が二つあって、そこに兄と父とお風呂に入ってて、石鹸が目に入って、泣いた（笑）。2歳、3歳やったと思うけど。二つあって、一つしかお湯は沸かしてなかったと思うけど。そこで3人でお風呂に入った。その記憶がある。

（常連さんらしきお客さんに向かって）タバコは百害あって一利なし！　やめなさい。

お客さん「そのうち」

そのうち、ゆうたらやめられんようになるよ。

お客さん「やめたいとも思ってないし」

私がやめ、ゆうてる。お金がもったいない。そのうち子どもになんぼでもお金かかるよ。

お客さん「お金はもう要りゆうちゃ、すでに！」

もっといるがよ。そんなもんじゃ済まんよ。

お客さんから人生相談を受けることも多いという

お客さん「今の子どものもの、なんでも高い」

（私に向かって）こんな風にね、お客さんにボロクソ言うて（笑）。来てくれるきありがたいけどね。

お客さん「もうお客と思ってないもんな（笑）」

（また別のお客さんに向かって。ちなみに、そのお客さんは将来地域のためになるようなお仕事をしたいらしかった）政治家になってあれしたいこれしたいゆうのがあるがか。自分の思い通りにはいかんかもしれんよ。

お客さん「地域のために頑張ろうかな、ゆう感じになっててん」

頑張ろうゆうても、反対する人もいるやろう。だから覚悟してやりなさい、ゆうてる。地獄に落ちてもいいき、それでも人のためになろうと覚悟せんとなんにもできん。楽なこと考えたら何もできん。……ああ、生きるってしんどいねえ。

（テレビの天気予報を見て）和歌山、39・6度やて。

――えー！　すごい暑さですね。今日の高知も暑かったです。

でも、こういう気候も人間が壊してしもうたからね。熱中症なるから冷房入れなさいっていうけど、冷房入れたらまた温暖化になる。人間が一人もいなくなったら地球はまた元通りになると私がゆうたら、NHKで同じことゆうてた（笑）。人間の欲は地球を突き抜けとる。たったこれだけの体やのにね。欲の深さは際限がないね。

（私が大阪に住んでいるという話に続けて）ああ、大阪。うちの孫が大阪で仕事をしてる。24歳。

――そうなんですね。

今の流行りの、あれやね。ユーチューバーとかなんとか、あの系統やないの？

――え、YouTuberなんですか？

何をしてるか知らんけど……甘いのが好きやからね。

――食べ歩きみたいなことをしているのですかね。

私がそれこそ、フランスにでも行って勉強してきてケーキ屋さんになりやってゆうてたら、小学校1年から自分がその仕事をしたいってずっと、ほんで専門学校へ行って、自分がしたいこと、高知にも専門学校あるけど、そこに行くぐらいやったらもう、大阪へ行った方がいいって。それで大阪の専門学校に行って。今、一応、就職しとる。

――へー!

(シヅ子さん、携帯で誰かに電話をかける。相手はお孫さんらしい。電話はつながらなかったが、しばらくして着信音が鳴る)もしもし。がんばりよる? 暑いやろ? あんた、部屋はクーラーはついちゅうが? あ、そうか。あのよう、ここのお客さんが大阪から来てるから。あんたの話しよったからよ。うん。

(しばらく会話が続いた後、ふいに電話が切れたらしい)この子はね。料理もできるが。なんでも作る。学校に行く時も、自分で弁当作って。大阪で就職して。頑張っとる。どんな仕事をしてるか、まあ、私らにはわからん(笑)。……今日は、風は吹いてるけど、道路の方からやね。山からも風が降りてくるがよ。今日は道路からやね。

――たまに涼しい風が吹いてきますね。

まあ、就職して2、3年っていうのは給料泥棒みたいなもんやね。やっぱり、

3段に積み上げられる絶品の卵焼き

5年か6年勤めたら御礼奉公ゆうて。

——お孫さんは何人いらっしゃるんですか？

二人です。お兄ちゃんは高松で、トヨタ自動車の子会社みたいなところで。

——お盆なんかはみんなこっちに帰ってくるんですか？

うん。帰ってきます。お兄ちゃんは近いから。今月（7月）も13日に帰ってきます。うちはだいたい7月の新盆ゆうのでお盆をしますので。

——他より1か月ぐらい早いわけですね？

そう。本来は新盆ゆうたら7月ですよね。8月ゆうのは月遅れ盆ゆうて、もともとなかったお盆を、みんなだいたい学校行ったら8月やないですか、夏休み。で、月遅れ盆っていうのが戦後にできたお盆。

――そうなんですか。8月の方が帰省しやすいからっていうのでそうなったんですね。

そうそう。昔は7月がね。

(再び携帯電話の着信音が鳴る)

もしもしー。ごめんごめん、忙しかったが？　会社、もう慣れた？　何年目になるかね。あ、まだ1年半か。5年も6年も勤めたらお礼奉公になる。そうかそうか。給料が安すぎるもんね。出張はしとうが？　ああ、がんばりな。またお肉送っちゃるきに。この前のお肉おいしかった？　うん？　うん。また、うん。ほいたらね。ありがとう。

(電話を切った後、しばらくお孫さんの会社のお給料の話に)

シヅ子さんが娘さんやお孫さんに愛されていることが会話の端々から伝わってきた

今は銀行に10円玉入れるのにでもお金が要りよる。10円玉がものすごうたまる。

――ああ、そうですよね。こういうお仕事だと小銭が大変ですね。

たまったら娘がうまい具合にやってくれよるけどね。

――そうなんですね。娘さんはお近くにお住まいで？

近いと言えば近いけど。車で10分。

＊　＊　＊

49　高知の街のはずれに明かりを灯して50年「スナック屋台おふくろ」

冒頭にも書いた通り、ここに書き留めたシヅ子さんのお話は、一気に語られたものではなく、調理の合間、他のお客さんとの会話の合間に、暇ができたところで少しずつ伺ったものだ。極力注意したつもりだが、私があれこれ聞くものだから、シヅ子さんのお仕事の邪魔になったこともあったかもしれない。

取材の終わり、私と、同行のことさら出版氏、そして高知在住の旧友・Mさんは締めのラーメンをいただくことにした。チャーシュー麺を二つ、そして普通のラーメンを一つ注文したが、チャーシュー麺が三つできあがった。

丼をこちらまで持ってきてくれながら、シヅ子さんは「あ、全部チャーシュー麺にしてしもた！　押し売りや（笑）」とおっしゃった。私はラーメンを注文したつもりだったが、テレビ東京の番組でも取り上げられた名物のチャーシューをたっぷり食べることができたので、これでよかったと思った。

取材をしたのが7月初旬で、「スナック屋台おふくろ」の閉店は11月末だと聞いていたから、「もう一度は来れそうだな」と、帰り道に思った。しかし、結局、それまでに高知に行くことができなかった。

11月末、Mさんから、「今朝の高知新聞に載ってました！」というメッセージと一緒に、高知新聞の紙面を撮影した画像が送られてきた。

〝屋台「おふくろ」50年で幕〟と見出しがつけられ、カウンターの内側にシヅ子

さんと弟さんが二人並んで立っている写真が大きく掲載されている。「一人もお客さんが来んという日がなかったのが自慢」と、シヅ子さんの言葉が書かれているその記事を読んで、長い長い日々の中の小さな一点に過ぎないながら、自分もそのお客さんの一人になれたことをありがたく感じた。

そして、このように紙面になったのを見て、本当にもうあの場所に行くことができないのだということがいよいよ実感されてくるのだった。

新聞　2024年（令和6年）11月30日（土曜日）　こうちワイド2

屋台「おふくろ」50年で幕

「みんなに感謝やね」　高知市高見町

「チャーシュー麺、食べる人は？」と尋ねる横山シヅ子さんと弟さん
（写真はいずれも高知市高見町の「スナック屋台おふくろ」＝河本真澄撮影）

閉店を惜しむ客がひっきりなしに訪れる。店内に座れず、「ありがとね」「元気でね」と言葉を交わして帰る客も

「おかあに叱られるために通いよった」「実家のような場所」―。近隣の住民らに親しまれてきた高知市高見町の「スナック屋台おふくろ」が30日夜、50年の歴史に幕を下ろす。高知の街角からまた一つ、屋台の灯が消える。

午後6時。ぽっと赤い灯がともり、家族連れらがビニールシートを次々とくぐる。10人ほど座れるカウンターはすぐ満席に。閉店を決めてから、惜しみ、懐かしむ県内外の客で満席状態が続いている。

横山シヅ子さん(86)と弟(83)が始めた当時、周囲は田んぼと畑ばかり。料理人経験のある弟から「屋台をやりたい」と頼まれ、「全部私が段取りした」とシヅ子さん。1年後、自宅そばの空き地を借りた。周囲に飲食店は少なく、人気を呼んだ。

しょうゆ、塩のあっさりラーメンは750円。何十年も継ぎ足す焼き豚の煮汁に、鶏と豚骨のだしを合わせスープを作る。ニンニク風味の強い唐揚げもよく出る。しっかり焼いた卵焼きも「普通な気がするけんど、不思議と人気ながよ」と弟さん。

満席の店内は思い出話が尽きない。「ビールやったか。こぼしてふきんを取ろうとしたら、おかあが『触るな』と一喝。いよいよがいなけんど、ええ思い出」「連れと仕事の話をしよったら、おかあが口を出してきて言い合いに。『出て行け』と追い出された。次の日に謝り倒した」と客が懐かしむ。

シヅ子さんが笑う。「何でも言いたい放題の性分。これでよう、お客さんが来てくれたもんよ」

そんな「おふくろ」は2011年、シヅ子さんの不注意で全焼した。復興に導いたのはお客さんだった。「みんながお見舞い、いうてお金持ってきてくれて。屋台を建て直せた」

近所の女性(35)は「絶品のラーメンが食べられなくなるのは残念」。男性客(40)は「30年ぐらい通ってる。帰る場所がなくなるのは悲しすぎる」。別の男性(72)が寂しそうにつぶやいた。「一つの時代が終わってしまうなぁ」

閉店理由は、21年の食品衛生法改正で衛生基準が厳しくなったため。「営業許可は更新できんろう。もう潮時」と決めた。

「一人もお客さんが来んという日がなかったのが自慢。いろんな人に支えられて長く続けられた。みんなに感謝やね」。シヅ子さんが晴れやかな顔で語った。

（原周太郎）

2024年11月30日の高知新聞に掲載された記事「屋台「おふくろ」50年で幕」。1面紙名題字下のヘッドライン「こうちワイド＆県内ニュース」にも、写真付きで「高知市高見町の屋台 半世紀で閉店」と取り上げられていた

版元あとがき　「ずっとあった店」と「スナック屋台おふくろ」についての覚書

ことさら出版（版元名）は、『私という猫　完全版』（イシデ電著）という漫画を2024年11月に刊行している。そして、発売日から2か月半もの長きにわたり、高知県高知市の書店「金高堂朝倉ブックセンター」にて同作の原画展を開催いただいた。

ことさら出版（人名。わかりにくく恐縮だが、私自身も「ことさら出版」と名乗っている）と著者のイシデさんは生まれも育ちも首都圏であるのだが、朝倉ブックセンターの店長・高橋学さんが大のイシデ電ファンであることから、高知で原画展を開催する運びとなった。今では、高橋さんとのご縁などもあり、「世界で一番好きな場所は？」と問われたらば、高知県立牧野植物園が真っ先に浮かぶくらいには、地縁も血縁もなかった高知が好きだ。

そんな私が「スナック屋台おふくろ」を知ったきっかけは、スズキナオさんと同じく、彼のご友人・KさんのSNS投稿だった。その投稿の少し前、私は兵庫県でKさんに直接お会いする機会を得ており、大好きな高知にいるのをたまたま見かけ、思わず好きな居酒屋をいくつかDMで送りつけた。その後、Kさんが高知にたびたび訪れていると知り、釈迦に説法をしてしまったことに気づいたが、気を取り直し高知の知見を増やすべく滞在中の氏の投稿をチェックしていたら、どう考えても自分の好みに決まっている屋台に目を奪われた。

初めて「おふくろ」で食事をしたのは2024年2月2日のことだった。その4〜5日前から高知におり、たしか二度訪ねたものの、営業していなかった。本文中にある、腰の調子が悪く臨時休業をしていた時期であったらしい。そのことを知らない私は、かなりの歴史がある屋台というイメージがあったので、「閉店してしまったのかもしれない」と不安を覚えずにはいられなかった。

それでも、諦めきれず滞在最後の夜にもう一度行ってみると、赤いシートと提灯が視界に飛び込んできた。その時点で喜びのメーターは振り切れている。あのシチュエーションで飲食できるだけで最高だ。しかし、それ以上に「おふくろ」は単純に素晴らしい飲食店だった。生ビールサーバーは日々丁寧に洗浄されているようだったし、ラーメンやその他メニューのどれもが絶品だ。餃子は人生で一番じゃないかと思うくらい好きだった。

私はラーメンを食べながら、スズキナオさんのことを思い浮かべていた。オーラルヒストリーの聞き書きの名手で、ラーメンをこよなく愛する彼による、「長くお店をやっている方々の取材をまとめた本」を出版したいと考えていた私は、「とりあえずここをスズキさんと再訪するしかない」と決めた。

その取材は本文にあるように、同年7月に実現する。私は7月4日に高知入りして「おふくろ」に客として通い、取材について相談することにした。取材費にも限りがあるので、スズキさんは最後の2日間合流してもらい、許可を得られたら取材をする。たとえ取材がNGでも、スズキナオがあのラーメンを食べることで、社会に何某かの良い影響があるだろう——と開き直り、ノーアポイント&ノープランで日参した。

記憶が正しければ、取材のOKはすぐに出たはずだ。それでも、そのときに11月末での閉店を伺った私は、できるだけ多くのメニューを食べたい、この空間に身を浸していたいと思い、スズキさんと合流するまでの4日間、毎日「おふくろ」に通った。大好きな居酒屋がたくさんある高知なので、2軒目として行った日もあったが、ついつい最後はラーメンを大盛りで頼んでしまった（それでも翌朝苦しい思いをするようなことはない、本当に不思議なラーメンだった）。

7月8日、スズキさんと合流し、8日・9日と横山シヅ子さんや弟さんに貴重なお話を聞かせていただいた。そして、いつか「おふくろ」を含む取材の成果をまとめた『ずっとあった店』という単行本を出すつもりではいる。ただ、取材および執筆に時間がかかり、最終的な成果物をシヅ子さん——ことさら出版も呼ばせていただいている——にお届けできるのがかなり先の話になってしまいそうだった。そこで「おふくろ」だけの本もつくろうと考え、完成したのが本書である。（今後も店主のご許可が得られたら、1店舗ごとに本をつくる予定だ）。

取材を終えた私とスズキさんは、その足で香川県高松市に向かった。同市の書店「本屋ルヌガンガ」にて、スズキさんと完全予約制古書店「なタ書」店主の藤井佳之さんによるトークイベントがあったためである。

その翌日、大阪に帰るスズキさんを見送ってからも高松に滞在していた私は、前回高松を訪れた際に知り合ったRさんと「時宅」という店で食事をする機会を得た。

近年、高知以外にも四国各地に様々なご縁があり、高松にも知人がいる。そんな中でも、Rさんとの出会いは「こんなことがあるのか」と驚く類のものだった。たまたま居酒屋で隣り合わせた人と会話が弾んでも、そこで「また会いましょう」といった話をすることなど滅多にない人間なのに、Rさんには思わず連絡先を伺い、また高松に行く機会があれば飲みましょうと約束していた。

本題と無関係な話が長くなってしまうので、あとはその日起きたことだけを記す。Rさんが終電で帰ってからも「時宅」で飲み続けた私は、店主のIさんと居合わせたお客のHさんに「おふくろ」について力説し、閉店する11月の上旬に再訪する予定なので、よかったら一緒にこの屋台で飲みましょう——と話した。酒席でそんな与太話に花が咲くこと自体はままあることかもしれないが、私は「多分この人たちはガチだな」と謎の手応えを感じており、実際にその日が来ることとなる。

10月下旬、またできるだけ「おふくろ」に通いたいと、私は高知に前乗りして、毎日「おふくろ」に通いながらお二人の到着を待ち構えた。

11月1日、Iさんと日さんが高知入りし、お二人と「おふくろ」を訪問する。同日からイシデ電さんの原画展が始まることもあり、元より一人ないしはスズキナオさんと再訪するつもりではいたのだが、それほど社交的ではない私にこんなことが起こるのだから、人生というのは不思議なものだ。

さらに11月5日には、金高堂の高橋店長とも「おふくろ」を訪れている。たしかその日に、こんなことがあった。

シヅ子さんは、私やスズキさんのことを「取材でいる人間で、本が出る予定だ」と常連さんに説明・宣伝をしてくれるのだが、あるお客様に書名を訊ねられた。私が「今のところ『ずっとあった店』で考えています」と答えると、その方は「なんだか寂しいタイトルで良くないいんじゃないか」と仰った。

そのとき、私はうまく答えられなかった気がしている。その代わりというわけではないが、以下に回答のようなものを記させていただく。

まず、その方が寂しい印象を抱かれたのは、「おふくろ」の閉店に拠るところが大きかったはずだ。また、それは無理もないことである。しかし、私は〝歴史を終えてしまう店〟の話をスズキナオさんに記録してほしいとは思っていない。閉店は残念だけれど偶然だ。私がいつか『ずっとあった店』という単行本にまとめたいのは、〝長く何かの営為を積み重ねてきた方の人生〟である（シヅ子さんが取材を受けてくれたのは、閉店を決めていたことも大きかったようではあるのだが）。

私たちの周囲には、数多の店がある。しかし、そこで長く働く人の人生というのは、自分の両親や親類縁者がそれに当てはまる人以外には、あまり可視化されていないように思える。

身内ではなくとも、芸術家や学者、芸能人やアスリート、経営者等の人生なら、自伝やインタビューといった形で輪郭くらいはなぞれるものだ。家庭に入っている方や会社員、フリーター等の人生も、自伝とはいかずとも、インターネット上の日記やＳＮＳの発信、自分の家族や親戚を観察することなどによって、それなりの情報量は得られるだろう。なんなら私たちは、やくざ者や凶悪犯罪者の人生だって、本で読むことができる。

ところが、お店で長く働く人の姿となるとどうだろう。たとえば「おふくろ」のような飲食関係者の情報に触れる機会があっても、立志伝中の経営者の自伝やインタビューだったり、話題店の人気メニューの紹介だったりしないだろうか。

前者の場合、修行時代の仕事ぶりなどは読めるかもしれない。しかし、私が知りたい、まとめたいと思うのは、同じ店、同じ仕事を長く続けてこられた方の人生なのだ。おそらく私は、飲食店で働き始め、経営センスを発揮して多店舗展開し、年商何億、何十億とグループを大きくしていく「元・店の人」よりも、ずっと一つどころで同じ仕事を続けてきた、「現・店の人」の人生に興味を惹かれるし、愛しているのだと思う。
だから、「ずっとあった店」で働いてきたシヅ子さんのお話を伺いたかった。

みなさんの身の回りにも、いくつかの「ずっとある店」があるはずだ。私はスズキさんの文章によって、意識の外にあった「ずっとある店」を発見ないしは再発見し、そのお店が「ずっとあった店」に変わる人が現れることを願っている。

つまり、この「あった」は、「こんなところにお店が〝あった〟んだ」という意味合いなのだ。かつて存在したものを指すのではなく、発見した人の胸に去来する「あった」。「おふくろ」が閉店してしまったように、「ずっとある店」にすると、いつか嘘になってしまう、という理由もあるけれど。

この書名はスズキさんのアイデアだが、ことさら出版としては、「ずっとあった店」をこのように解釈している。そして、そんな店で働く方々の人生の解像度をこの本で高められたなら、ほんの少しかもしれないけれど、社会にとってプラスになるとも思う。

「あった」の発見によって、「知らなかった人生」を減らすことは、暴力の広がりに抵抗する手段だと考えている。私はこれからの社会において、貧困はますます増えていき、様々な断絶が生まれ、広がっていくと予想している。そして、それに抵抗する姿勢は持っていたいが、止められるとは思わない。

ただ、本という情報のかたまりで、人間の目に映るもの、心に浮かぶものを、少しだけ複雑にすることなら自分にもできるかもしれない。

外を歩くときに視界に映るたくさんのヒトは、私たちが自分の人生で味わってきた数多の感情や情報を、同じように呑み込んできた人間だ。

これは当たり前の話だけれど、富める者が貧しい者を嘲笑う仕草や、貧しい者が富める者から金品を奪おうとする際に命までをも奪ってしまう事件などを見ると、自覚的か本能的かはいざ知らず、情報量が多すぎる時代に疲弊した人たちの多くが、視界に映るヒトに簡単なラベルを貼る情報処理によって情報量をカットして、日々をやり過ごそうとしているように思えてならない。

「ずっとあった店」で働く方の人生は、それが苦労にまみれたものであっても、豊かで美しいものであるはずだ。そして、そんな人生のディティールには、暴力的な言動をとろうとする人間の動作を――僅かなものかもしれないが――鈍らせる力があると信じている。また、先の見えない時代を歩くための地図となるような、希望の縁にも成り得るのではないだろうか。

とはいえ、それにしても、信心深く、前世の因果を今生で清算しようとするシヅ子さんの生き様は、あまりにも複雑で情報量が多い。

私は、映える人生を写真や動画に記録しようとあくせくしている人に、「平凡なそれでも人生は美しいと思いますよ」と言いたかった程度なのだが、期せずして超人に出会ってしまった。

ただ、私のような人間から見ると圧倒されるばかりなのだけれど、十数回店を訪れ、何十時間と屋台の隅に居座らせていただき、最終的には「シヅ子さんはただただ〝自分にできること〟をやっているだけなのだろう」と思うに至った。

本文に、室蘭を訪ねた際の話が出てくる。この頃、お大師様がシヅ子さんのもとに時折現れ、「今、自分の教えを理解し、実践できている人が減っている。それを伝えてほしい」と言われていたという。そこで全国の真言宗の寺院を巡り、ご住職にお話をさせていただいていたそうだ。

一人で飲んでいたある日、シヅ子さんに「そうやって北海道なんかに行っていた話はしましたっけか？」と訊ねられ、「美味しいものを食べたりしないで、お大師様の言葉を伝えるためだけに北海道に行って帰ってきたんですよね」と答えた。私の記憶が正しければ、シヅ子さんはそのとき、こんなことを仰っていた。

「本職のお坊様に私がそんなことを言うのは畏れ多いことだと思うけど、しないわけにはいかなかった」

これは、ラッパーのＥＣＤが生前に旧Twitterに投稿していた、

> どうして無力だと思いたがるのか。あるよ。ひとりにはひとり分。力が。
> （２０１４年６月25日のツイート。https://x.com/ecdecdecd/status/481780499447181313より引用※）

※ 2025年4月5日閲覧

そのものではないだろうか。

僭越ながら、私も自分の人生の使い方はそれなりに意識している。スズキナオという稀代の文筆家との付き合い方もそうだ。

災害に遭った地域に旅行することがあるのだが、スズキさんが家庭の事情で大阪に引っ越し、会社を辞めてライター専業になったばかりの今ほど忙しくなかった時期に、そういった場所にスズキさんをお連れして、記事を書けそうな飲食店などに遊びに行くことをたまにしていた。自分ひとりで使える金額は大したものではないので、私が2回行く金があるなら、スズキさんの筆によって記録が残るほうがいい。それを読んで遊びに行きたいと思う人もいるだろう――と考え、色んなところに足を運んだ。

そして、スズキさんが丁寧に仕事を積み重ねて読者を増やし続けた結果、こうやって書籍をつくることもできるようになった。


ことさら出版を始めたときは、商売として成立するかはともかく、もっと軽く、気楽な活動になると考えていた。しかし、社会情勢が加速度的に悪くなっていく中で、今、自分の持つ〝ひとり分の力〟とは、出版活動を通じて悪しき流れにささやかでも抵抗することなのかもしれない――と思いつつある。

また、シヅ子さんに背中を押されている気が、勝手ながらしてしまう。私は無宗教者（神や仏の存在を完全に信じていないというわけでもない微妙な立ち位置なのだが）

なので、空海やキリストやムハンマドの存在が自分の行動を律することはない。しかし、お大師様はともかく——と書くとシヅ子さんに怒られてしまいそうだが——シヅ子さんに恥ずかしい生き方はできないな、とは心から思っている。貴重な機会を頂いたことに、あらためて感謝申し上げます。

最後に、『ずっとあった店』は、スズキナオさんのＺＩＮＥ『捨てられない紙』のように企画利用フリーである。都築響一さんの『Neverland Diner 二度と行けないあの店で』（ケンエレブックス刊）のスピンオフ版のような、私家版『ずっとあった店』に興味のある奇特な方がおられるなら、どんどんやっていただきたい。

ちなみに、いつか出ることとさら出版の『ずっとあった店』に収録予定の「おふくろ」以外の取材対象店も、その多くは飲食店だ。これは書店以外で私の訪れる〝店〟が飲食店ぐらいしかないためで（まちの個人書店や古書店の主の人生に触れられる本はそれなりにあると認識している）、駄菓子屋・洋品店・写真店・旅館・楽器店・ＣＤショップ等々を取材対象とした文章を拝読できるなら幸甚だ（もちろん飲食店や書店でも大喜びです）。

本書や、今後刊行予定の『ずっとあった店』関係の本によって、読者の中にある「ずっとあった店」が一つでも増えることを願ってやまない。

ことさら出版

潮江診療所
おふくろ

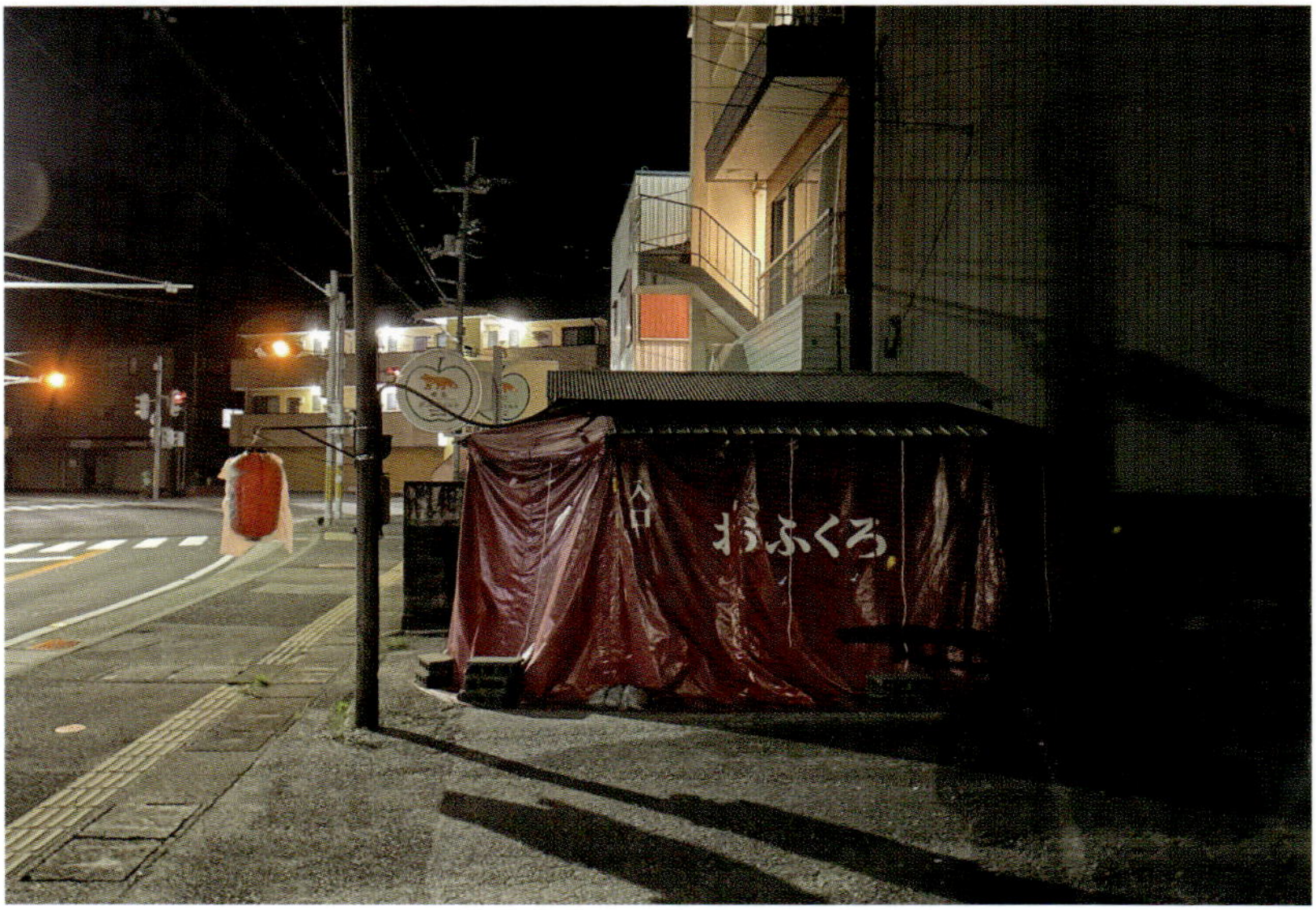
おふくろ

スズキナオ

1979年生まれ水瓶座・A型。酒と徘徊が趣味の東京生まれ大阪在住のフリーライター。テクノラップバンド「チミドロ」のリーダー、大阪のミニコミ書店「シカク」の広報担当も務める。著書に『深夜高速バスに100回ぐらい乗ってわかったこと』『家から5分の旅館に泊まる』（スタンド・ブックス）、『「それから」の大阪』（集英社）、『酒ともやしと横になる私』（シカク出版）、『思い出せない思い出たちが僕らを家族にしてくれる』（新潮社）、『大阪環状線 降りて歩いて飲んでみる』（インセクツ）など、パリッコとの共著に『酒の穴』『酒の穴エクストラプレーン』（シカク出版）、『“よむ”お酒』（イースト・プレス）、『ご自由にお持ちくださいを見つけるまで家に帰れない一日』（スタンド・ブックス）などがある。


【寄付】

本書の売上の1%は「こうちこどもファンド」に寄付されます。


【交換・お問い合わせ】

落丁・乱丁は送料当方負担でお取り替えいたします。

お手数をおかけしますが info@kotosara.net にメールでご連絡ください。

直接取引のご注文やお問い合わせも同アドレスにお願いいたします。

取次経由のご注文は鍬谷書店（Tel:03-5390-2211/Fax:03-5390-2213）にて承ります。

ずっとあった店　スナック屋台おふくろ編（KTSR-004a）
2025年5月11日初版初刷発行

著　　者　スズキナオ

協　　力　今野ぽた　高橋 学（金高堂書店）　牧田安弘
堀口 凜　石田桃子（時宅）　王子燗（燗酒Kids.）
品部利枝（帯屋町チャコール）
楠瀬慶太（国立高知工業高等専門学校准教授）

編集協力　宮本夏妃

印刷・製本　スズトウシャドウ印刷

発　　行　ことさら出版
〒111-0053
東京都台東区浅草橋2-5-5　長島エレガンス第3ビル6階

ISBN978-4-909967-02-2 C0095

9784909967022

1920095012001

ISBN978-4-909967-02-2
C0095 ¥1200E

定価1,200円＋税
ことさら出版

ずっとあった店が好きだ。それは、その店がずっとその場で続いてきたということに、何よりも圧倒的なものを感じてしまうからだと思う。

生きていると色々なことがある。体力が低下したり病気をしたり怪我をしたり、ひょんなことから心のバランスが崩れたりする。親しい人となんらかの理由で会えなくなったり、面倒な揉め事に巻き込まれたりする。まったく思いのままにならない毎日の中で、それでもずっと続いてきた店がある。移り気で、やっていることがいつも長く続かず、すぐに何かを辞めたくなったりしてしまう私にとって、長い継続の日々は自分の想像を超えたものなのである。

じっくりとお話を聞くと、どのお店もちょっとした偶然の先にふと始まったり、様々な不確定要素を乗り越えつつ続いてきたのだと改めてわかる。奇跡のような時間の連なりが、当たり前の顔をしてそこにある。(「まえがき」より抜粋・再構成)

2024年11月30日に50年の歴史に幕を下ろした高知県高知市の屋台「スナック屋台おふくろ」。気鋭のライターによる、“奇跡のような時間の連なり”のほんの一部を垣間見た記録。